BEI GRIN MACHT SICH IHR WISSEN BEZAHLT

- Wir veröffentlichen Ihre Hausarbeit, Bachelor- und Masterarbeit
- Ihr eigenes eBook und Buch - weltweit in allen wichtigen Shops
- Verdienen Sie an jedem Verkauf

Jetzt bei www.GRIN.com hochladen und kostenlos publizieren

Bibliografische Information der Deutschen Nationalbibliothek:

Die Deutsche Bibliothek verzeichnet diese Publikation in der Deutschen Nationalbibliografie; detaillierte bibliografische Daten sind im Internet über http://dnb.d-nb.de/ abrufbar.

Dieses Werk sowie alle darin enthaltenen einzelnen Beiträge und Abbildungen sind urheberrechtlich geschützt. Jede Verwertung, die nicht ausdrücklich vom Urheberrechtsschutz zugelassen ist, bedarf der vorherigen Zustimmung des Verlages. Das gilt insbesondere für Vervielfältigungen, Bearbeitungen, Übersetzungen, Mikroverfilmungen, Auswertungen durch Datenbanken und für die Einspeicherung und Verarbeitung in elektronische Systeme. Alle Rechte, auch die des auszugsweisen Nachdrucks, der fotomechanischen Wiedergabe (einschließlich Mikrokopie) sowie der Auswertung durch Datenbanken oder ähnliche Einrichtungen, vorbehalten.

Impressum:

Copyright © 2017 GRIN Verlag, Open Publishing GmbH
Druck und Bindung: Books on Demand GmbH, Norderstedt Germany
ISBN: 9783668533615

Dieses Buch bei GRIN:

http://www.grin.com/de/e-book/376226/muhammad-bilder-im-christlichen-europa-des-7-19-jahrhundert

Ephi Soja

Muhammad-Bilder im christlichen Europa des 7.-19. Jahrhundert

Bobzin über Mohammad

GRIN Verlag

GRIN - Your knowledge has value

Der GRIN Verlag publiziert seit 1998 wissenschaftliche Arbeiten von Studenten, Hochschullehrern und anderen Akademikern als eBook und gedrucktes Buch. Die Verlagswebsite www.grin.com ist die ideale Plattform zur Veröffentlichung von Hausarbeiten, Abschlussarbeiten, wissenschaftlichen Aufsätzen, Dissertationen und Fachbüchern.

Besuchen Sie uns im Internet:

http://www.grin.com/

http://www.facebook.com/grincom

http://www.twitter.com/grin_com

Friedrich-Alexander Universität Erlangen-Nürnberg
Lehrstuhl für Islamisch-Religiöse Studien
Seminar: Kalam, Offenbarung und die Rolle der Propheten im Islam

Vortrag zu:

Muḥammad-Bilder im christlichen Europa 7.-19. Jahrhundert

– eine historische Analyse

Inhaltsverzeichnis

1. Einleitung — 3
2. Muḥammad, der *pseudoprophetes* bis zum „Antichrist" — 3
3. Muḥammad, der „Häretiker" genannt wird — 4
4. Muḥammad, der für einen „Betrüger" gehalten wird — 5
5. Muḥammad, der als „Epileptiker" dargestellt wird — 7
6. Muḥammad in der Literatur als „'Gott' neben anderen Göttern" — 8
7. Eine Wendung in der Darstellung von Muḥammadbildern — 9
   - 7.1 Muḥammad, der „Gesetzgeber" — 9
   - 7.2 Muḥammad, der „Held" — 10
8. Fazit — 11
9. Literaturverzeichnis — 13
   - 9.1 Sekundärquellen — 13
   - 9.2 Auswahl von Quellen, auf die sich Bobzin bezieht — 13

1. Einleitung

„Es gibt wohl kaum eine Gestalt der Weltgeschichte, die im christlichen Abendland über lange Zeit so negativ dargestellt, dann aber ebenso überschwenglich gelobt worden ist wie Mohammed."[1], so Bobzin im ersten Kapitel seines Werks „Mohammed", das den Titel „Vom „Pseudopropheten" zum „Helden": Abendländische Mohammedbilder" trägt.[2]

In dieser vorliegenden Arbeit soll es im Wesentlichen darum gehen, ausgewählte Passagen aus Bobzins Kapitel über die christlich geprägten westlichen Muḥammad-Bilder vom 7. bis 19. Jahrhundert zusammenzufassen, diese Stellen zu kommentieren und gegebenenfalls ergänzende Informationen zu geben.

In einem Fazit geht es darum aufzuzeigen, wie die Entwicklung der Muḥammad-Bilder über die Jahrhunderte hinweg zu bewerten sind und ebenso darum weiteren Forschungsausblick zu geben. Hiermit sollen Aspekte genannt werden, die Bobzin in seinem oben genannten Kapitel unerwähnt lässt – um eine Anregung für die weitere Recherche zu diesem Thema zu geben. Aber zunächst einmal die Darlegung der Sicht hauptsächlich der Christen auf „die Anderen" im Mittelalter:

2. Muḥammad, der *pseudoprophetes* bis zum „Antichrist"

Einer derjenigen, der Muḥammad als „Pseudoprophet" genannt hat, war beispielsweise Johannes von Damaskus. In seinem Werk „Quelle der Erkenntnis" – „Pege gnoseos" auf Griechisch, das auch als das sogenannte „Buch der Häresien" gilt und aus etwa dem Anfang des 8 Jahrhunderts entstammt wird ebenso erkenntlich, dass Johannes von Damaskus den Islam noch nicht ganz als eigenständige Religion wahrnahm, sondern als eine christliche Irrlehre. Das Interessante dabei ist, dass sich das Prädikat „pseudoprohetes" in sehr vielen Werken christlicher Polemik verbreitet hat und in den ersten Jahrhunderten des Islams zur Standardbezeichnung im christlichen Abendland wurde.[3] Ebenso schreibt Johannes von Damaskus,

---

[1] Bobzin, Hartmut: Mohammed, C.H.Beck Verlag, München 2016, S. 9.
[2] Vgl. ebd.
[3] Vgl. ebd., S. 11.

der beruflich zunächst Hofbeamter bei einem omajjadischen Kalifen war, aber dann mit zunehmenden Ressintements gegenüber Christen entschied, sich dem Mönchtum zuzuwenden, über Muḥammad:

> „(...) Später ließ er [Muḥammad] durch Täuschungen das Volk glauben, er sei ein gottesfürchtiger Mann, streute Gerüchte aus, daß ihm eine Schrift vom Himmel herabgesandt sei. Nachdem er einige Lehren in diesem Buch aufgestellt hatte, über die man nur lachen kann, lehrte er sie auf diese Weise, Gott zu verehren."[4]

Bobzin führt verschiedene Gründe für die Ablehnung des Prophetentums heran: zum einen liege es an der Etablierung einer hierarchischen Ordnung der Kirche seit etwa dem 3. Jahrhundert, zum anderen wurden bereits schlechte Erfahrungen mit verschiedenen christlichen „prophetischen Bewegungen" wie dem Montanismus gemacht.[5] Das war auch für viele ein Grund, Muḥammad als DEN neuen Antichristen schlechthin zu sehen. Als einen also, der zu den Erscheinungen gehöre, die mit ihrem Wesen die Endzeit ankündigen.[6] Muḥammad war nicht der letzte Muslim, der als der Antichrist gehalten wurde, nach dem man Ausschau gehalten hat, um die Endzeitprophezeiung zu lesen. Auch im 16. Jahrhundert wurde der Gedanke des Antichristen auf die Türken bzw. Osmanen bezogen – wie beispielsweise von Martin Luther in seiner „Heerpredigt wider den Türken".[7] Diese beiden Bezeichnungen hängen nicht weniger eng mit der nächsten Bezeichnung zusammen: Muḥammad – der Häretiker.

3. Muḥammad, der „Häretiker" genannt wird

Eine weitere Bezeichnung, die Muḥammad zuteilwurde, war „Häretiker". Er wurde also auch als jemand gehalten, „der von der offiziellen Kirchenlehre abweicht"[8]. Als solcher wurde Muḥammad beispielsweise in Dante Alighieris „Göttliche Komödie" (lat., *Divina Commedia*) bezeichnet, die in etwa zu Beginn des 14. Jahrhunderts entstanden ist.[9] Diese Bezeichnung

---

[4] Johannes von Damaskus: Quelle der Erkenntnis, zit. nach Bobzin: Mohammed, S. 10.
[5] vgl. Bobzin: Mohammed, S. 10f.
[6] Vgl. ebd., S. 17f.
[7] Vgl. u.a. Luther bewegt (2014): Luther und die Türken – eine ungarische Erfahrung, URL: http://webcache.googleusercontent.com/search?q=cache:bkySV7QlxzMJ:www.kulturkirche-ludwigshafen.de/Luther%2520und%2520die%2520T%25C3%25BCrken%2520-%2520Vortrag.pdf+&cd=1&hl=de&ct=clnk&gl=de&client=firefox-b-ab, Stand 10.03.2017.
[8] Duden: Häretiker, der, URL: http://www.duden.de/rechtschreibung/Haeretiker, Stand 10.03.2017.
[9] Vgl. Einladung zu Literaturwissenschaft. Ein Vertiefungsprogramm zum Selbststudium: Dantes göttliche Komödie, URL: http://www.einladung-zur-literaturwissenschaft.de/index.php?option=com_content&view=article&id=440:10-4-die-goettliche-komoedie&catid=47:kapitel-10, Stand 10.03.2017.

gibt laut Bobzin „die im wesentlichen die beherrschende Vorstellung des Mittelalters über Mohammed wieder".[10] Muḥammad in der „Divina Commedia" also als „Abweichler" vom Christentum, bzw. „Spalter" des Christentums. In der Komödie kommt der Gang Muḥammads in der Hölle mit aufgeschlitztem Bauch vor – was auch daraufhin deutet, dass er als jemand dargestellt wurde, der für sein Abweichen bzw. Spalten bestraft werden und in der Hölle landen wird. Bobzin erläutert weiterhin, worin die Gründe für die Zweifel an Muḥammads Christsein lagen. Zum einen nennt er, dass Muḥammad aus der Sicht der Christen mangelhafte Kenntnis der Schriften des Alten und Neuen Testaments aufweise und zum anderen wird Muḥammads Begegnung mit dem Mönch Bahira als Vorwurf genommen. Denn dieser Mönch galt unter zeitgenössischer christlicher Sicht ebenso als Ketzer – so zumindest laut Johannes von Damaskus, zitiert nach Bobzin. Damit wird Muḥammad in eine Reihe bekannter altkirchlicher Ketzer wie Arius oder Nestorius gesetzt, die die Trinität und die göttliche Natur Jesus' geleugnet haben. Das sei aus christlicher Sicht der Grund, weshalb Jesus im Koran „lediglich" als Prophet[11] und Diener Gottes[12] vorkommt und weshalb seine Gottessohnschaft ausdrücklich bestritten werde.[13] Man kann also zusammenfassend sagen, dass Christen deshalb auf die Idee gekommen sind, Muḥammad als Häretiker zu bezeichnen, da Jesus im Koran erwähnt wird, aber nicht als solcher, wie Christen an ihn geglaubt haben, sondern eben „lediglich" als Prophet bzw. Diener Gottes. So wurde das „christliche" im Koran damit assoziiert, dass Muḥammad ein „nestorianischer" Christ sein muss – da man wohlmöglich auch kaum etwas von und über „Muslime" bzw. den „Islam" als Begriff wussten.

4. Muḥammad, der für einen „Betrüger" gehalten wird

Ebenso gibt es das Narrativ, dass Muḥammad als „Betrüger" erwähnt wird. Dies kommt zum Beispiel in Jacobus de Voraignes „Goldene Legende" (lat., *Legenda aurera*), aus dem 13. Jahrhundert vor. Dieses Buch war ein im Mittelalter sehr verbreitetes religiöses Volksbuch.

---

[10] Bobzin (2016): Mohammed, S. 11.
[11] Vgl. Koran: Maryam 19:30: قَالَ إِنِّي عَبْدُ اللَّهِ آتَانِيَ الْكِتَابَ وَجَعَلَنِي نَبِيًّا = ‚Da sprach er [Jesus]: „Ich bin ein Diener Gottes. Er wird mir das Buch (das Evangelium) geben und mich zum Propheten bestimmen."'
[12] Vgl. Koran: Az-Zukhruf 43:59: إِنْ هُوَ إِلَّا عَبْدٌ أَنْعَمْنَا عَلَيْهِ وَجَعَلْنَاهُ مَثَلًا لِبَنِي إِسْرَائِيلَ = ‚Er war nur ein Diener, dem Wir Gnade erwiesen und zum Beispiel für die Kinder Israels machten.'
[13] Vgl. Koran: Al-Isra 17:111: وَقُلِ الْحَمْدُ لِلَّهِ الَّذِي لَمْ يَتَّخِذْ وَلَدًا وَلَمْ يَكُنْ لَهُ شَرِيكٌ فِي الْمُلْكِ وَلَمْ يَكُنْ لَهُ وَلِيٌّ مِنَ الذُّلِّ وَكَبِّرْهُ تَكْبِيرًا = ‚Sprich: „Gepriesen sei Gott! Er hat keinen Sohn und keinen Gefährten, der Seine Herrschaft teilt, Er braucht keinen Hüter, der Ihn vor Schmach beschützt." Preise seine Größe.', vgl. auch: Maryam 19:35: مَا كَانَ لِلَّهِ أَنْ يَتَّخِذَ مِنْ وَلَدٍ ۖ سُبْحَانَهُ ۚ إِذَا قَضَىٰ أَمْرًا فَإِنَّمَا يَقُولُ لَهُ كُنْ فَيَكُونُ = ‚Es ist ausgeschlossen, dass Gott einen Sohn hat. Erhaben ist Er. Wenn Er etwas verfügt, sagt Er nur: „Es sei!" und so wird es.'

Hier kommt die Parabel vor, dass ein enttäuschter römischer Kleriker zu den Sarazenen geflohen sei und Muḥammad dazu angestiftet habe eine Taube zu dressieren und ihm beizubringen, Körner in sein Ohr zu legen. Immer wenn die Taube Muḥammad sah,

> „(…) flog sie auf seine Schultern und hielt ihren Schnabel an sein Ohr. Danach rief der Kleriker das Volk zusammen und sprach: er wollte den über sie setzen, welchen der Heilige Geist in Taubengestalt ihnen bezeichnete. (…) Das Volk meinte deshalb, es wäre der Heilige Geist, der auf Mohammed herabgestiegen sei und ihm Gottes Wort ins Ohr sagte. Auf diese Weise betrog er die Sarazene."[14]

Ein zweites Beispiel ist aus einem Werk des Theologen Humphrey Prideaux, der in „Die wahre Natur der Betrügerei, vollständig demonstriert am Leben des Mohammeds" aus dem Jahr 1697 Muḥammad als „Betrüger" darstellt. Prideauxs Ziel hierbei ist ganz klar die Kritik am Islam UND das Aufweisen der Vorbildfunktion des Islams für die Ablehnung der Trinitätslehre, die auf den Betrug Mohammeds aufbauend seien. Ebenso möchte Prideaux aufzeigen, inwiefern sich die deistischen Strömungen von Muḥammad bzw. dem Islam beeinflusst worden seien. Der Deismus nimmt an, dass Eingriffe von Gott in der Welt nicht stattfinden, während der Theismus annimmt, dass Gott jederzeit als Kausalursache eingreifen könnte – wie Christen sich auch die Wunder erklären. Deshalb – so Prideaux – verzichtete Muḥammad auf jegliche Art von Wunder, was von Christen kritisiert wurde, da Wunder zu vollbringen nach christlichem Verständnis Teil der Prophetie war. Eine ergänzende Information ist hier angebracht zu erwähnen, dass heute aus zumindest sunnitisch-islamischer Sicht diese Interpretation abgelehnt werden würde und Muslime durchaus auch von Wundern Muḥammads erzählen.[15] Was Prideaux anders als Jacobus de Voraigne macht: er lehnt plumpe Betrugstheorien wie die mit dem dressierten Vogel ab und bringt stattdessen fundierter klingende Kritik:

> „Das ganze Ausmaß dieser Betrügerei war von außerordentlicher Kunstfertigkeit, ausgeführt mit aller erdenklichen Geschicklichkeit und Vorsicht. (…) Mohammed vollbrachte keine Wunder, denn er hatte sie nicht nötig, da die Macht des Schwertes ausreichend war, ihm seine Mission zu ermöglichen, indem er die Menschen dazu zwang, daran zu glauben."[16]

---

[14] Jacobus de Voraigne: „Goldene Legende" (lat., *Legenda aurera*), zitiert nach Bobzin: Mohammed, S. 13, leicht verändert durch Verfasserin CG.
[15] Vgl. u.a. Said Nursi: Mucizati-Ahmediye, URL: http://www.ilahisevda.com/konular/risaleinur/turkish/nurlar-tr/b-mektubat/metin/0387.htm, Stand: 10.03.2017.
[16] Prideaux: „Die wahre Natur der Betrügerei, vollständig demonstriert am Leben des Mohammeds", 1687, zitiert nach Bobzin: Mohammed, S. 14.

5. Muḥammad, der als „Epileptiker" dargestellt wird

Dieser angebliche Betrug Muḥammads wurde laut Bobzin auch als Versuch interpretiert, die Krankheit „Epilepsie" zu kaschieren. Die älteste Erwähnung ist ungefähr vom 9. Jahrhundert. Aber auch im 14. Jahrhundert kommt von einem Dominikaner namens Ricoldo da Montecroce (gest. 1320) solch eine Muḥammad-Darstellung in seinem Traktat: „Gegen das Gesetz der Sarazenen" solch eine Muḥammad-Darstellung vor. Interessant hierbei ist, dass Epilepsie bei den Griechen und Römern der Antike als „heilige Krankheit" galt und diese Zuschreibung nicht immer negativ verstanden wurde.

> *„Das Phänomen des Unerklärbaren und das plötzliche, heftige Auftreten führten vermutlich dazu, dass die Epilepsie in der griechischen und römischen Antike als „heilige Krankheit" (morbus sacer) bezeichnet wurde. Ein weiterer Grund könnte darin bestehen, dass Menschen mit Epilepsie offensichtlich so mühelos in einen „Trancezustand" verfallen konnten – ein Zustand, der in der Antike angestrebt wurde, um mit den Göttern in Kontakt zu treten."[17]*

Im damaligen europäischen Mittelalter galt sie als „eine von Dämonen hervorgerufene Krankheit", die von Gott zur Strafe oder Prüfung auferlegt wurde. Im Zusammenhang mit Muḥammad wurde die Epilepsie-Zuschreibung bis ins Spätmittelalter negativ in Verbindung gebracht. Montecorce schreibt zu Beispiel:

> *„Aber da er an der fallenden Krankheit" litt, behauptete er, ein Engel redete mit ihm, - damit niemand glauben solle, daß er an ihr litt, da er häufig fiel. Und danach brachte er Sprüche hervor, die er, wie er sagte, in der Art und Weise gehört habe, wie eine Glocke, die um seine Ohren geklungen haben"[18]*

Das Auftreten von Propheten und die auffällige Art Offenbarungen zu erhalten, wurde öfter versucht psychologisch oder medizinisch zu erklären. Aber es sei laut Bobzin für die alttestamentlichen Propheten wie Hosea oder Ezechiel so auch für Muḥammad stark zu bezweifeln, ob das vorliegende Textmaterial ausreicht, um zu beweisen, dass hier eine medizinisch nachweisbare Krankheit wie Epilepsie vorliegt.[19]

---

[17] Krankenpflege-Journal: Epilepsie im Wandel der Zeit. Morbus sacer – Die heilige Krankheit, URL: http://www.krankenpflege-journal.com/epilepsie/737-epilepsie-im-wandel-der-zeit-morbus-sacer-die-heilige-krankheit.html, Stand: 10.03.2017.
[18] Montecroce: Gegen das Gesetz der Sarazenen, zitiert nach Bobzin: Mohammed, S. 15.
[19] Vgl. Bobzin: Mohammed, S. 15f.

Interessant ist die positive Umdeutung der Muḥammad-Bezeichnung „Epileptiker" im 19. Jahrhundert von Dostojewski (gest. 1881) zum Beispiel, der mit Leidenschaft von seinem epileptischen Anfall berichtet:

> „Ihr seid ja alle gesunde Menschen und habt nicht die geringste Ahnung von dem Glück, das wir Epileptiker kurz vor einem Anfall empfinden! Mohammed versichert in seinem Koran, daß er das Paradies erblickt habe und dort weilen durfte. Alle Neunmalklugen sind der Auffassung, er sei ein Lügner und Betrüger. Nein, nein, er hat nicht gelogen. Er ist tatsächlich ins Paradies entrückt worden, und zwar während einer seiner epileptischen Anfälle, unter denen er ebenso wie ich litt. Ich kann nicht sagen, wie lange die Glückseligkeit dauert, aber, auf mein Wort, ich würde sie nicht für alle irdischen Freuden teilen."[20]

6. Muḥammad in der Literatur als „'Gott' neben anderen Göttern"

Muḥammad findet ebenso in der epischen Literatur des europäischen Mittelalter Erwähnung, wie beispielsweise in „Chanson de Geste" („Heldenlieder"). Diese Heldenlieder zählen zu den ältesten Erzählungen der französischen Literatur und thematisieren teilweise die Kämpfe der „francorum" gegen Sarazenen (so wie z.B. im „Rolandslied"). Durch diese Erzählungen wird das vergöttlichte Muḥammad-Bild verbreitet.

Ab wahrscheinlich dem Zeitpunkt der arabischen „Invasion" in Spanien wird von Sarezenen gesprochen, die einen „Gott Mahomet" hätten. In den Erzählungen selbst werden neben „Mahomet" auch von anderen Göttern gesprochen, meist in einer Trias wie Apollo, Jupiter und Beelzebub zum Beispiel. Diese Darstellung und auch unbedarfte Verbreitung ist deutet stark auf ein vages Bild vom Islam hin.[21]

Muḥammad kommt in diesen Liedern nie als Prophet vor, sondern als Gott – wie ein Götze – der auch zerstört werden kann, wenn das Volk Unglück befällt. Im Rolandslied heißt es zum Beispiel, dass als Karl der Große die Muslime in Spanien besiegt, „Mohammed in den Graben gestoßen werde, wo ihn Schweine und Hunde beißen und mit den Füßen treten."

Dies ist ein Beispiel und ein Zeugnis dafür, dass im mittelalterlichen Europa über die ‚Anderen' wenig gewusst war und insbesondere Falschinformationen bekannt waren. Insofern ist

---

[20] Dostojewksi, zit. nach Bobzin: Mohammed, S. 19f.
[21] Vgl. hierzu auch die Darstellungen des zeitgenössischen Historikers Nikolas Jaspert.

es nicht weiter verwunderlich, wenn Muslime als Paganes, also Heiden bezeichnet werden und weitgehend ein theologischer Begründungsrahmen ihres Handelns fehlt.

Allgemein kann man sagen, dass die Konstruktion des Unvertrauten meist aus dem „vertrauten Eigenen" heraus erfolgt, denn wenn etwas Unbekanntes beschrieben wird, rekurriert man auf Bekanntes – so wie auch hier bei dieser Art von Muḥammad-Darstellung:

> „Unweigerlich formen die Menschen jene Welt, die sie nicht kennen, nach dem Vorbild der Welt, die sie kennen."[22]

7. Eine Wendung in der Darstellung von Muḥammadbildern
7.1 Muḥammad, der „Gesetzgeber"

Im Zeitalter der Aufklärung, als die christliche Weltsicht relativiert wurde, kamen – laut Bobzin – die ersten unvoreingenommenen Muḥammadbilder. Dazu gehören z.B. Schriften des Historikers Edward Gibbon und das Werk „Mohammedanische Religion" des Theologen Adrian Reland aus dem Jahr 1716. In diesen ist scharfe Kritik an den bisherigen Inhalten über den Islam und Muḥammad wie auch an mangelndem gründlichem Quellenstudium zu finden. Die Wirkung blieb jedoch lediglich unter Gelehrten. Aber dadurch, dass auch Voltaire zu diesen Gelehrten gehörte, konnten die Inhalte über ihn an einen größeren Lesekreis herangetragen werden. Voltaires Beachtung dieser Inhalte gewinnt auch deshalb an Bedeutung, da er vorher um den Katholizismus (!) zu kritisieren ein Stück geschrieben hat, in dem er den Islam als Kulisse nimmt – was aber sehr viel Kritik erntet. Auch unter Deutschen, nachdem die Übersetzung Goethes erschienen war. Goethe übersetzte das Werk Voltaires auf Wunsch des Fürsten Karl August. Und genau diese Übersetzung bzw. auch Goethe als Übersetzer wurden scharf dafür kritisiert, wie er denn solch ein schändliches Werk hat übersetzen können. Unter den Kritikern ist unter anderem Maria Karoline Herder, geb. Flachsland (gest. 1809), Frau von Johann Gottfried Herders Frau zu finden:

---

[22] Southern, Richard William: Das Islambild des Mittelalters, 1981 Stuttgart [u.a.], S. 27. vgl. auch Kiening, Christian: Reflexion – Narration. Wege zum ‚Willehalm' Wolframs von Eschenbach, 1991 Tübingen, S. 169. Vgl. Goerlitz, Uta/Haubrichs, Wolfgang: Einleitung. In: Intergration oder Desintegration? Heiden und Christen im Mittelalter. 2009.

„Eine solche Versündigung gegen die Historie (er machte den Mahomet zum groben platten Betrüger, Mörder und Wolllüstling) und gegen die Menschheit habe ich Goethe nicht zugetraut."

Von Goethe (gest. 1832) selber kennen wir ein positives Muḥammadbild, wie zu Beispiel sein Gedicht „Mahomets Gesang", das in den Jahren 1772 und 1773 geschrieben wurde, zeigt.

Auch Voltaire leistete „Wiedergutmachung" in seinem vielgelesenen, 1753 erschienenen „Versuch über die Sitten und den Geist der Nationen". Darin kommt Muḥammad als „legislateur et conquerant" = Gesetzgeber und Eroberer vor. Auch stellt er Muḥammad Jesus gegenüber:

> *„Mohammed hat wenigstens geschrieben und gekämpft, Jesus hat weder schreiben können noch sich zu verteidigen gewußt; Mohammed hatte den Mut von Alexander zusammen mit dem Geist von Numa [dem legendären römischen König und Gesetzgeber, H.B.]."*[23]

Auch Graf Henri de Boulainvilliers (1658-1722) zeichnet vor Voltaire ein positives Bild, indem er „Mohammed als Begründer einer vernünftigen Religion" bezeichnet.[24]

7.2 Muḥammad, der „Held"

Von Voltaire gibt es aber auch Lob über Muḥammad und seine Taten:

> *„Er war zweifellos ein ganz großer Mensch, der auch große Menschen formte. Er hätte Märtyrer oder Eroberer werden müssen: ein Mittleres gab es nicht. Er siegte stets, und alle seine Siege waren solche der kleinen Zahl über eine große. Eroberer, Gesetzgeber, Monarch und Priester: er spielte die größte Rolle, die man auf der Erde nur spielen kann unter den Augen der menschlichen Allgemeinheit."*[25]

Aber außer Voltaire gab es auch weitere positive Muḥammad-Bilder:

Ein Jahrhundert später schreibt Thomas Carlyle (im 19. Jahrhundert) in: „Helden, Heldenverehrung und Heldentum in der Geschichte", in dem es darum geht aufzuzeigen, dass Geschichte ein Produkt der Leistung vieler Einzelpersonen sei. In diesem Werk widmete Carlyle

---

[23] Voltaire: Versuch über die Sitten und den Geist der Nationen, zit. nach Bobzin: Mohammed, S. 20.
[24] Vgl. Bobzin: Mohamed, S. 20.
[25] Essai von Voltaire, zit. nach Bobzin: Mohammed, S. 20f.

eben auch Muḥammad ein Kapitel. Hier weist er ganz entschieden die Kritik zurück, dass Muḥammad ein Betrüger oder Intrigant gewesen sei:

> *„Das lasse ich nicht gelten. Seine Botschaft trug die Wahrheit in sich; seine Stimme, die sich mühsam aus der Brust rang, das kund zu tun, was er als wahr eingesehen hatte, kam aus unbekannten Tiefen. (...) In seiner Brust lebte eine stille Größe. Er war einer von den Menschen, die wahrhaftig sein müssen, die gar nicht anders können (...). Wer diese Wahrhaftigkeit besitzt, des Wort ist Gottes Stimme. Deshalb hören die Menschen auf ihn. Deshalb müssen sie auf ihn hören. Alles andere ist eitel Schall und Rauch."*[26]

8. Fazit

Wenn man die genannten Darstellungen zusammenfassen möchte und ein Resümee ziehen möchte, dann kristallisieren sich 3 Phasen der Muḥammad-Darstellungen heraus.

Die erste Phase umfasst die Zeit bis zum Spätmittelalter. Hier wird deutlich, dass Muḥammad bis etwa zum Spätmittelalter hindurch nicht als „Muslim" identifizierbar ist (vgl. hierzu u.a. Johannes von Damaskus, Chanson de Geste, Dante). Ebenso wird erkennbar, dass große Unwissenheit der Christen gegenüber dem „Islam" oder Muḥammad als „Muslim" vorliegt; andersherum nicht so stark beobachtbar.

Mögliche Ursache für große Unwissenheit können verschiedene sein. Nur um ein paar anzureißen – tiefergehendes würde den Rahmen dieser Arbeit sprengen.

Es gab nie ein muslimisches Land ohne Christen, aber eine lange Zeit erst einmal viele Länder, die nur etwas mithilfe von den führenden Kräften der christlichen Länder von Muḥammad und seinen Anhängern gehört, gesehen, gelesen haben. (Bilder, Bücher, Mythengeschichten, die in Auftrag (!) von Machthabern gegeben wurden). Herbei wird die Machterhaltung eine bedeutsame Rolle gespielt haben.

Dabei stellt sich heutigen HistorikerInnen folgende Frage: ob man dann überhaupt von einer „Diskriminierung von Muslimen bereits im Mittelalter" reden, wie es in manchen populärwissenschaftlichen Zeitschriften vorkommt? Das wäre eine der weiterführenden Fragen, der man näher nachgehen könnte.

---

[26] Carlyle: Helden, Heldenverehrung und Heldentum in der Geschichte, zit. nach Bobzin: Mohammed, S. 21.

Eine zweite Phase prägten Muḥammad-Bilder von Gibbon, Reland, Voltaire und Graf Henri. Diese haben zwar auch Kritik an Muḥammad ausgeübt – aber dennoch wichtigen Beitrag zur Entdämonisierung Mohammeds geleistet.

Eine dritte Phase wird von Carlyle angestoßen, was auch als sein Verdienst genannt werden kann:

> a) Als einer der ersten im christlichen Abendland versuchte er, Muḥammad aus seinem inneren Erleben heraus zu verstehen.
>
> b) Er lässt nicht den geringsten Zweifel an seiner Wahrhaftigkeit aufkommen

Der Verdienst liegt nun darin, dass dadurch erst möglich wurde, der Persönlichkeit des religiösen Menschen Muḥammad sehr nahe zu kommen. Ebenso kann man sagen, dass Carlyle als Vordenker für neue Ansätze im Verständnis der arabischen Propheten geworden ist.

Was in dieser Arbeit noch fehlt ist die Sicht der europäischen Juden auf die Muslime – aber da sie bis zum 20. Jahrhundert verstreut in Europa anzutreffen sind, wäre das eine Fragestellung für sich den Haltungen und Beziehungen zwischen Juden und Muslimen im mittelalterlichen Europa nachzugehen. Insofern soll dies als Anstoß für eine mögliche weiterführende Arbeit dienen, aber hier nicht näher darauf eingegangen sein, da es hier hauptsächlich um ie Bilder des christlichen Europas im Mittelalter ging.

9. Literaturverzeichnis

9.1 Sekundärquellen:

- Bobzin, Hartmut: Mohammed. Verlag C.H.Beck, 2016, S. 9-21.

- Goerlitz, U./Haubrichs, W.: Einleitung. In: Integration oder Desintegration? Heiden und Christen im Mittelalter, 2009. S. 5-11.

- Kiening, Christian: Reflexion – Narration. Wege zum ‚Willehalm' Wolframs von Eschenbach. Tübingen: Niemeyer, 1991.

- Müller, Ulrich.: Toleranz zwischen Christen und Muslimen im Mittelalter? Zur Archäologie der Beziehungen zwischen dem christlich-lateinischen Okzident und dem islamischen Orient. In: Studia Niemcoznawcze 23, 2002. S. 25-62.

- Southern, Richard William: Das Islambild des Mittelalters. Stuttgart [u.a.]: Kohlhammer, 1981.

9.2 Auswahl von Quellen, auf die sich Bobzin bezieht:

- Johannes von Damaskus: Pege gnoseos („Quelle der Erkenntnis"/"Buch der Häresien"), 7./8. Jh.

- Jacobus de Voraigne: Legenda aurera („Goldene Legende"), 13. Jh.

- Humphrey Prideaux: Die wahre Natur der Betrügerei, vollständig demonstriert am Leben des Mohammeds (1697)

- Voltaire: Versuch über die Sitten und den Geist der Nationen (1753)

- Graf Henri de Boulainvilliers: Mohammed als Begründer einer vernünftigen Religion, 18. Jh.

BEI GRIN MACHT SICH IHR WISSEN BEZAHLT

- Wir veröffentlichen Ihre Hausarbeit, Bachelor- und Masterarbeit

- Ihr eigenes eBook und Buch - weltweit in allen wichtigen Shops

- Verdienen Sie an jedem Verkauf

Jetzt bei www.GRIN.com hochladen und kostenlos publizieren